© 2022 arsEdition GmbH, Friedrichstraße 9, D-80801 München
Alle Rechte vorbehalten
Text: Nicole Büker
Illustrationen: Daniela Chudzinski
ISBN 978-3-8458-4796-2

www.arsedition.de

Nicole Büker · Daniela Chudzinski

Das Wunder der Heiligen Nacht

Die Weihnachtsgeschichte

arsEdition

»Hurra, ich liebe Überraschungen!«, jubelt Emma begeistert, denn Oma Tine hat stets die besten Ideen. Oma bringt die Welt zum Leuchten!

Heute hat sie etwas ganz Besonderes vom Dachboden mitgebracht. Wie einen kostbaren Schatz trägt sie die Kiste ins Wohnzimmer. Was da wohl drin ist?

Mit geheimnisvollem Lächeln zieht Oma einen strahlenden Engel und viele andere bunte Figuren aus der Kiste hervor.

»Schau mal, Oma, da liegt ein Baby in einem Futtertrog«, sagt Emma überrascht. Oma nickt. »Das ist Jesus. Er wurde in einem einfachen Stall geboren.« »Warum?«, fragt Paul erstaunt. »Oh, das ist eine lange Geschichte«, meint Oma. »Bitte, bitte, erzähl sie uns!«, rufen Paul und Emma.

Feierlich zündet Oma Tine die vierte Kerze am Adventskranz an.

»Hört gut zu«, sagt sie. »Ich erzähle euch nun vom Wunder der Heiligen Nacht …«

Vor etwa zweitausend Jahren lebten der
Zimmermann Josef und seine Verlobte
Maria in dem kleinen Ort Nazareth in
Galiläa. Eines Abends breitete sich der
süße Duft von Lilienblüten im Zimmer
aus und mit einem Mal erschien ein Engel
an Marias Seite. Es war Erzengel Gabriel,
der in strahlendes Licht getaucht war.
Maria erschrak zutiefst, doch Gabriel sprach:
»Fürchte dich nicht! Ich überbringe dir gute
Nachrichten. Du wirst schwanger werden und
Gottes Sohn zur Welt bringen. Du sollst ihm den
Namen Jesus geben.« »Gottes Sohn? Wie kann das
geschehen?«, fragte Maria.

»Hab Vertrauen, Maria. Nichts ist für Gott unmöglich«,
erklärte Erzengel Gabriel. Sein helles Licht umhüllte sie
wie eine liebevolle Umarmung, und Maria spürte, dass sie
dem Engel vertrauen konnte.
Sie verneigte sich vor ihm und sagte leise: »Ich bin einverstanden. Alles soll so geschehen, wie Gott es will.«

Maria spürte, wie das Kind unter ihrem Herzen heranwuchs, und der Tag der Geburt rückte immer näher.

Zu jener Zeit beschloss der mächtige Kaiser Augustus, alle Menschen im ganzen Römischen Reich zählen zu lassen. Denn er wollte genau wissen, wie viele Steuern er von seinen Untertanen bekommen würde.

Deshalb ritten eines Tages die Boten des Kaisers über den Dorfplatz von Nazareth. Sie riefen: »Jeder von euch soll in seine Geburtsstadt gehen und sich dort in eine Liste eintragen.«

»Auch wir müssen dem Befehl des Kaisers folgen«, sagte Josef. Er nahm Maria tröstend in den Arm. »Für dich wird die Reise nach Bethlehem sehr mühsam werden, doch ich kaufe einen Esel, damit du den weiten Weg nicht laufen musst.«

Maria und Josef und viele andere Menschen packten sogleich das Nötigste zusammen und machten sich mit ihren Reit- und Lasttieren auf den Weg zur Volkszählung.

Die Reise nach Bethlehem dauerte mehrere Tage.
Es war ein weiter und beschwerlicher Weg durch das Heilige Land. Über holprige und staubige Pfade, durch tiefe Täler und über hohe Berge führte Josef den voll beladenen Esel. Für die werdende Mutter Maria war das Reiten auf dem Esel sehr anstrengend. Doch wenn sie am Abend ein schönes Plätzchen zum Schlafen fanden, kniete Maria voller Dankbarkeit nieder und betete zu Gott: »Vater unser im Himmel, ich danke dir, dass du uns während dieser langen Reise mit deiner Liebe umgibst und beschützt.«

Die Abendsonne schien auf sie herab, als Maria und Josef Bethlehem erreichten.
Viele Leute drängelten sich mit Eseln und Kamelen durch das Stadttor. Überall
wimmelte es von Menschen, die sich in die Listen eintragen wollten.

Als das junge Paar auf der Suche nach einem Schlafplatz einige Gasthäuser auf-
suchte, entgegneten die Wirte jedes Mal unfreundlich: »Zieht weiter, alle Zimmer
in Bethlehem sind belegt.«

Wo sollten Maria und Josef nun eine Unterkunft finden? Verzweifelt klopfte Josef
an das Tor eines abgelegenen Wirtshauses. »Ich bin erschöpft, und ich spüre, dass
mein Kind bald zur Welt kommen wird«, sagte Maria leise. »Mein Haus ist über-
füllt«, antwortete die Wirtin. Voller Mitleid sah sie Maria an. »Doch ihr könnt
in unserem Viehstall vor dem Stadttor übernachten. Dort seid ihr vor Wind und
Regen geschützt und die Tiere werden euch mit ihrem molligen Fell wärmen.«

Eine himmlische Ruhe lag über dem einfachen Viehstall.
Nur hin und wieder war das leise Schnauben von Ochs und
Esel zu hören. Maria und Josef richteten sich ein Bett aus
duftendem Stroh. Noch in derselben Nacht brachte Maria
einen gesunden Jungen zur Welt. Sie wickelte das Kind in
Windeln und flüsterte: »Ich gebe dir den Namen Jesus, so
wie ich es Erzengel Gabriel versprochen habe.«
Behutsam legte Maria ihren Sohn in die Futterkrippe, die
Josef zuvor mit Heu und Stroh gefüllt hatte. Ganz nah traten
Ochs und Esel vor die Krippe, aus der sie sonst fraßen.
Sie beschnupperten das Christuskind und wärmten es mit
ihrem Atem. In diesem Moment erschien über dem Stall in
Bethlehem ein neuer Stern. Er war größer und strahlender
als alle anderen Sterne am Himmelszelt.

In jener Nacht hüteten einige Hirten draußen auf den Feldern vor der Stadt ihre Schafherden. Plötzlich strömte helles Licht durch die Wolken und in strahlendem Lichterglanz erschien ihnen ein Engel Gottes. So etwas hatten die Hirten noch niemals zuvor erlebt und sie erschraken sehr. Da sprach der Engel zu ihnen: »Fürchtet euch nicht! Ich verkünde euch eine große Freude. Denn euch ist heute der Heiland geboren, der Retter der Welt. Geht nach Bethlehem. Dort werdet ihr das Kind in Windeln gewickelt in einer Krippe finden.«

Mit einem Mal war der Himmel erfüllt von einem
einzigartigen Funkeln und Leuchten. Unzählige
Engel lobten Gott in den höchsten Tönen,
und der himmlische Chor sang vom Frieden,
der nun zu den Menschen auf die Erde
kommen würde.

»Kommt, lasst uns nach Bethlehem gehen und das Wunder anschauen, das uns der Engel verkündet hat«, sagte einer der Hirten. Junge und alte Hirten machten sich auf den Weg. Sie entdeckten den leuchtenden Stern am Himmel, der sie direkt zum Stall führte. Dort fanden sie das Heilige Kind in einer Krippe liegend. Große Freude und Dankbarkeit erfüllte die Herzen der Hirten. Sie fielen auf die Knie und sangen und beteten das Christuskind an. Jeder einzelne im Stall schien die Liebe Gottes zu spüren, die dieses Kind verströmte. Und alle wussten, dass dieses winzige Geschöpf in der einfachen Krippe tatsächlich ein Geschenk Gottes war.

In dieser Nacht machten die drei Sterndeuter Kaspar, Melchior und Balthasar im weit entfernten Morgenland eine unglaubliche Entdeckung, als sie durch ihre Fernrohre in den Himmel blickten. Dort, wo der Himmel seit ewigen Nächten finster gewesen war, erstrahlte plötzlich ein neuer Stern.

Sofort wussten sie, dass der Stern eine Botschaft Gottes an die Menschen war. Jeder sollte wissen, dass ein neuer König geboren war! Der Prophet Jesaja hatte dies viele Hundert Jahre zuvor in alten Schriftrollen angekündigt und die weisen Männer freuten sich sehr über die wunderbare Nachricht.

»Lasst uns hingehen und den neuen König anbeten!«, jubelten Kaspar, Melchior und Balthasar.

Voller Freude zogen die Sterndeuter los, um ihre Reise vorzubereiten. Für den neugeborenen König füllten sie die kostbarsten Geschenke aus ihrer Heimat in prachtvolle Gefäße.

Im Licht der Sterne schritten die Kamele der Sterndeuter mühelos durch die Nacht. Der neugeborene Stern wanderte in der Dunkelheit vor ihnen her und wies ihnen den Weg. Er führte die Sterndeuter auf ihrer langen Reise durch viele fremde Länder, durch weite Wüsten und über hohe Berge.

Als sie mit ihren Kamelen Bethlehem erreichten, blieb der Stern über einem einfachen Viehstall stehen. »Wie sonderbar!«, riefen Kaspar, Melchior und Balthasar erstaunt. Hatten sie die Botschaft des Sterns wirklich richtig gedeutet? Würden sie in diesem einfachen Stall tatsächlich den neugeborenen König finden?

Die Sterndeuter stiegen von ihren Kamelen. Andächtig betraten sie den Stall.
So viel Licht und Liebe erfüllten diesen einfachen Raum! Josef hatte schützend
seinen Arm um Marias Schultern gelegt. Die junge Mutter saß neben der Krippe,
in der das Heilige Kind schlief. Und da lag er nun, in Windeln gewickelt: der neue
König, Gottes Sohn. Die Sterndeuter und die Hirten, die jungen Eltern und sogar
die Tiere – alle freuten sich über dieses Wunder, das sie gemeinsam erleben durften.
Ergriffen knieten Kaspar, Melchior und Balthasar vor der Krippe nieder. Sie beteten
zu Gott und segneten das Christuskind. Und sie breiteten ihre kostbaren Geschenke
vor ihm aus: glänzende Goldstücke, süßlich duftenden Weihrauch und das wertvolle
Heilkraut Myrrhe. Das Kostbarste war gerade gut genug für den neuen König,
den Retter, der Liebe und Frieden auf die Erde bringen würde …

Einen Moment lang sitzen Paul und Emma ganz still da.

»Oma, die Krippe soll den schönsten Platz im Haus bekommen«, meint Emma schließlich mit leuchtenden Augen. »Komm, Emma, lass uns endlich die Figuren aufstellen«, drängelt Paul. Alle sind sich sofort einig, dass die Krippe mit dem Jesuskind auf Omas alter Kommode stehen soll. Und im Nu finden Paul und Emma für jede Figur den richtigen Platz.

»Oma, die Geschichte vom Wunder war so schön, bitte erzähl sie uns noch mal!«, bettelt Emma. Ein Lächeln huscht über Oma Tines Gesicht.

»Morgen Nachmittag, einverstanden?«, fragt sie und gibt Emma liebevoll einen Kuss auf die Wange.